ख़्वाब - ए - मोहब्बत

वर्णिका ऐलिस आर्या

Copyright © Varnika Alice Arya
All Rights Reserved.

क्रम-सूची

क्रम-सूची

दिल ए मोहब्बत में अल्फाजों की जरूरत नहीं साहब
आंखों से आंखों के मिलन का वो संगम है
जो दिल की गहराई में छिपे राज ए मोहब्बत को भी पहचान
लेता है

I dedicated this book to you reader . Life is a journey . Make sure don't miss a thing . Enjoy it while reading , Alice's book with a cup of coffee or tea .
This book is also dedicated to My Auntie G Usha Devi , my parents , My teachers - Lord Krishna , Prof. Dr. Rini Pundir Ma'am , Prof. Dr. Krishna Ma'am , Prof . Dr. Tsering Punchok Sir , Prof. Dr. Ram Sarik Gupta Sir .
AND
My Favourite Cafe : " M-I-T " ...

Preface

I honor you for picking up this book.

In doing so , you have made the decision to live more deliberately more joyfully and completely . And for this I applaud you .

The words on the following pages are heartfelt and written in the high hope that you will not only connect with the Mohabbat/ Love I respectfully offer but act on it to create lasting improvements in your life .

I hope you will discover a wealth of love that will enrich the quality of your personal and professional life .

Please do write to me , send me an email or visit Instagram page aliceinthecafe2022

Share your views

I'll do my very best to respond to your mails with a personal note .

I miss you deep peace , great prosperity and many Happy days spent and engaged in a worthy the purpose .

Alice Arya

Email address aryaalice9@gmail.com

Instagram address: aliceinthecafe2022 ,

aryavarnikaliceee

About The Author

Varnika Arya

Varnika 'Alice' Arya is an U.P.S.C aspirant . She lovees sharing her personal experiences in the form of poetry . Alice Arya is an Indian poet and author live in a town in the heart of India. She graduated from Kalindi College of Delhi University . Her poetry has been published in newspapers like Vijay darpan times Meerut and Indore samachar (Indore) . Along with this , poetry has been published in the magazines named Kaumudi and Ninad of Motilal Nehru College , D.U

. She is a very fun loving and kind soul. When she feels down , she likes to go in her favourite cafe ' MIT ' . She has some precious memories with her friends --- Dear Anjali and Lovly Sis Anshu in this Cafe . But her soul happy , when she talks to her close friends Kiran Dhankar , Priyanka Chaudhary , Rishabh Bro , Ram Bhaiya , Shruti and Shalu Di . When she is not writing , she reads psychology and visits to see the beauty of nature . She likes to spend their holidays on hill stations specially in Himachal Pradesh . Also like to read spiritual literature Gurbani, Bible and Gita.

Email Address - aryaalice9@gmail.com
Instagram page - aryavarnikaliceee
- aliceinthecafe2022

About The Book

In the remarkable book , Alice Arya shares her personal experience in the form of poetry . The Book " Khwaab - E - Mohobbat " is a collection of poems based on love.

Read " Khwaab - E - Mohobbat " for beautiful timeless love about everything Passion, Love , Freedom , Pain , Death , Pleasure Joy and Kindness .

A true mirror to the human soul , this book reveals the deepest truths , pain and sorrow of human Life .

With in the pages of this book is all you need to know about life death and everything in between .

" And Ever Has it been Known That Love Knows not its own Depth Until the Hour of SEPERATION " ...

1. ख्वाब ए मोहोब्बत

देखते थे जब तुम्हारी ओर
लगता था ख्वाबों से बढ़कर तुम थे
ना रिश्तो का हो पहरा कोई
गले से लगाकर
मेरी उदासी रुको पावन कर दो
सूनी दिल की गलियों को
फिर से महका दो
ना दौलत की कोई बात हो
ना औकात का हो बंधन
जब जब प्रेम पत्र लिखो
तो केवल हो मधुर मधुर बातों का वर्णन
प्रीत
मेरा जीवन रोशन कर दो
ना माजी की उलझन हो
ना हो सूखा बाग ए दिल
केवल हो हम हमारे बातें
जो बन जाए नई यादें
जीवन में आवाज लगाकर जरा
"ख्वाब ए मोहब्बत " मुकम्मल कर जाना ।

2. एलिस ए मोहब्बत

दोस्तों हर किसी से
यूं ना हंस कर बातें किया करो
मोहब्बत हो जाएगी
ऐसे ना जुल्फों को संवारा करो
हमारी जान निकल जाएगी
और तुम्हारे दूर जाने के बहाने से
किसी दिन मेरी धड़कन रुक जाएगी
कभी कभी वक्त निकाला करो
सनम के लिए
नहीं तो जिंदगी वीरान हो जाएगी
और कभी कभी हल्की फुल्की मस्ती मजाक
और गपशप किया करो
खुशियां महक जाएगी
अंधेरी रातों में ना अकेले बैठा करो
आंसुओं की मालाओं से
यूं ना करवट बदला करो
दिलबर से बातें करा करो
जिंदगी खुशियों से महक जाएगी
नाराज ना हुआ करो
कभी-कभी माफी मांग लिया करो
और कभी माफ कर दिया करो
जिंदगी आसान और
"एलिस ए मोहब्बत"

कुबूल हो जाएगी ।

3. राज ए मोहब्बत

अर्ज किया है

बिना बोले ही ,
तुम्हारी आंखें पढ़ लेता हूं ,मैं
बिना कुछ कहे ,
तुम्हारे दिल की बेचैनी को ,
समझ लेता हूं मैं
जनाब तुम्हारे लफ्जों में ,
छुपी हुई हूं मैं
या
मेरे दिल में छिपे हुए हो तुम
अक्सर मुस्कुरा देता हूं मैं
कि बिना मिले ही
तुम्हारे हाल बयां कर देना
यह क्या ताल्लुक है ,
हमारे दरमियां ....
बस यही सवाल खुद से पूछता हूं मैं
इसी की तलाश में खो जाता हूं
या यूं कहो सोच में पड़ जाता हूं मैं
फिर धीरे से तुम्हारी आवाज आती है
और मेरी धड़कन तेज हो जाती है
यह भी एक दौर है ,
शायद जिंदगी का

बस यही देख पाता हूं मैं
कि तुम्हारे बिना बोले ही
दिल में छुपी
उस गुफ्तगू को
पहचान लेता हूं मैं
अक्सर बिना किसी इशारे के
तुम्हारे इस
"राज - ए - मोहब्बत"
को पहचान लेता हूं मैं

4. कॉफी ए मोहब्बत

ये दिन ये महीने साल
यूं ही बीत जाएंगे
मेरे यार
मगर इतना रखना याद
कॉफी पिलाना हर साल
अब ना करना इंकार
हॉट कॉफी पिलाना हर बार
इस जहान से प्यारी दोस्ती अपनी
नाम दोस्ती की अपनी उम्र सारी
मगर इतना रखना ख्याल
कॉफी पिलाना हर साल
कसम से कॉफी पिलाना
मेरे यार
हाथ पकड़ कर
मेरे साथ साथ चलना
चाहे बदले जमाना मगर
कॉफी जरूर पिलाना
तेरा मेरा रिश्ता उम्र भर का
दोस्ती का यह बंधन कभी ना टूटेगा यार
इतना रखना ख्याल
" कॉफी ए मोहब्बत "को
रखना यूं ही बरकरार

5. जख्म ए मोहब्बत

मोहब्बत एक कहानी है
जहां अक्सर दिल टूट जाता है
चाहत होती है
जिसे टूटकर उसी का साथ छूट जाता है
सफर ए मोहब्बत में
मासूम सा दिल भटक जाता है
उसकी जुल्फों की यादों में खो जाता है
जिंदगी सिमट जाती है
यादों के सफर में
राही बदल जाती है
साथ बदल जाता है
पर यादें कहां बदलती है
दिल में गहरा जख्म देती है
और एहसास रह जाता है
बीते कुछ लम्हों का
किसी के दूर जाने का गम ,
आखिरी सांस तक साथ निभाता है
जो कभी अपना था
किसी का हमसफर बन जाता है
पास होकर भी दूर चला जाता है
दिल के कोने कोने में निशानी छोड़ जाता है
अपनी बातों से ताउम्र मौत को किस्तों में दे जाता है
जख्म ए मोहब्बत को किस्मत बना जाता है

6. दिल ए मोहोब्बत

यादों का खजाना
तेरा भी है मेरा भी
सिलसिला दीवानगी का
तेरा भी है मेरा भी
लम्हों के मोतियों को पिरोकर
यादों में बसा लेना
किस्सा पुराना तेरा भी है मेरा भी
यादों का खजाना तेरा भी है मेरा भी
तू मुझको मैं तुझको बतलाऊं क्या
दिल ए मोहब्बत
तुझको भी है मुझको भी
यादों का खजाना तेरा भी है मेरा भी
बर्फीली वादिया
जिनकी चर्चा है
वो अफसाना तेरा भी है मेरा भी
गम ए मोहब्बत की बात न कर मुझसे
किस्सा पुराना तेरा भी है मेरा भी
दिल ए मोहब्बत तुझको भी है मुझको भी

7. रूह ए मोहब्बत

हाल बयां कर रही हूं
रूह ए मोहब्बत का
आंखों में आंसू लेकर तेरे इंतजार का
जब तू नहीं सब कुछ वीरान है
दुनिया में
मुरझाई सी कली हूं किसी बगिया में
जी चाहता है ना निकलू उन गलियों से
जहां मिलते थे छुपके छुपके
हाथ थाम के वादे हजार करते थे
हाल बयां कर रही हूं
रूह ए मोहब्बत का
लग जा गले
मेरे मीत
आंखें ही ना रोई ,दिल भी रोया
तेरे इंतजार में
हर रोज करवटें बदल बदल के रात गुजार रही हूं
तेरे याद में
जब तू ही दूर है फिर क्या है
मेरा इस जहान में
सांसे चल रही है , एक झलक पाने को
तेरे दीदार में हाल बयां कर रही हूं
रूह ए मोहब्बत का
तू हाथ थाम ले मेरा

करके वादा उम्र भर साथ निभाने का

करके वादा उम्र भर साथ निभाने का

8. मरहम ए मोहब्बत

दोस्त अगर कहते हो
फिर दोस्ती निभाया करो
जिंदगी की उलझन में ,
उलझे हो तो दर्द बयां करो
कभी अपनी कहा करो
तो कभी मेरी सुना करो
यूं अकेले बैठकर ना जिंदगी गुजारो
मेरे हमराज
साथ में बातें किया करो
मेरे मीत मायूस ना हुआ करो
ख्वाबों में इस कदर ना खोया करो
कुछ वक्त साथ में बिताया करो
दिल की बातें जुबां पर लाया करो
मोहब्बत अगर हो
फिर इजहार किया करो
कुछ वक्त साथ में बिताया करो
दिल की बात जुबां पर लाया करो
मोहब्बत अगर हो फिर इजहार किया करो
और बातें दिल में ना छुपाया करो
कभी तो मुझे गले से लगा कर
हाथों में हाथ डाल कर
" मरहम ए मोहब्बत " लगाया करो

9. ख्याल ए मोहोब्बत

जहां निगाहों ने देखा
सिर्फ उसी को पाया
कौन है जो ख्यालों में आया
उसी का चेहरा दिल में समाया
जहां निगाहों ने देखा
सिर्फ उसी को पाया
भीड़ में दीवानगी में
वीरानगी में ,
उसी को पाया
यह क्या ख्याल ए मोहब्बत हैं
जो दिल में समाया
कौन है जो ख्यालों में आया
वो यार है हमराज है
वही तो है सबसे प्यारा
रातों को सपनों में आने लगा है
ख्वाहिशों को वह बढ़ाने लगा है
मेरी धड़कनों में वह समाया
उसी में चांद नजर आया
कैसा जादू कर गया
हर तरफ सिर्फ वही नजर आया
यह क्या ख्याल ए मोहब्बत है
जो दिल में समाया
कौन है जो मेरे ख्यालों में आया ।

10. गुलाब ए मोहोब्बत

किसी ने गुलाब भेजा है , हमको गुलाब नहीं वो एहसास है उनके
एहसास जो अल्फाजों से परे है।
अल्फाजों से सब कुछ बयां नहीं होता ,
वैसे तो यहां सब कुछ सच नहीं होता
पर एक पर हर एक शख्स
मेरी जान बेवफा भी नहीं होता
क्या ताल्लुक है उसके मेरे दरमियां ....
यूं तो अंदाजा नहीं है
पर गुलाब के फूल की तरह
बड़ा ही कोमल रिश्ता है
हमारा हमदम
इश्क के सफर में
जरा संभल कर चलना आप ,
इस " गुलाब - ए - मोहब्बत " में
कांटे बहुत है
अपना ख्याल रखिएगा आप

11. मुलाकात - ए - मोहोब्बत

उनसे मुलाकात हो तो जाए
ये ना पूछो ,
हम क्या कहेंगे
बोलना अगर मना होगा
फिर हम निगाहों ही निगाहों में शिकायत करेंगे
रूठने का हक क्या सिर्फ उन्हें हैं ।
आंखों ही आंखों में बोलेंगे
मेरे हमराज
हमसे झूठे वादे करोगे
कसम ए मोहब्बत
आंखो से आंसू बहुत आएंगे
दूर जाकर हमसे
क्या जिक्र हमारा करोगे
पर हम याद फिर भी करेंगे
उनसे मुलाकात हो तो जाएं
ये ना पूछो हम क्या कहेंगे
मेरे यार
तूने दोस्ती ऐसी निभाई है
कि अब दोस्ती की
तमन्ना ना करेंगे
फिर भी तेरे सिवा ,
कोई और कुबूल नहीं करेंगे

"मुलाकात ए मोहब्बत " हो तो जाए
हम इजहार भी करेंगे ।

12. रंग - ए - मोहोब्बत

होली का दिन है
रंगों में खुशियों का सैलाब
मानो फैल रहा चारों ओर
इसी ख्याल से
शायद मैं उसके पास हूं
फिर इस दिल को
किसकी तलाश है
शायद कुछ पुरानी यादों में
यह दिल फिर से उदास है
और मेरा यार मुझसे परेशान है
क्योंकि इस दौर में भी
उसे मेरा एहसास है ।
उसे मेरी बेवफाई पर भी
एतबार आता है
एतबार की यही डोर
खींचती है ,
हमें एक दूसरे की ओर
इश्क के रंग की
ये नाजुक सी डोर
लाती है एक दूजे की ओर
मेरे यार रंग ए मोहब्बत का
यह दौर भी गुजर जाएगा
और बस यह यंह लम्हा भी

एक याद बनकर रह जाएगा ।

13. आंसू ए मोहोब्बत

जितने भी दर्द है ,
मेरे दिल में
सब उसी के दिए हुए हैं
क्या सुनाएं अपनी दास्तां
इस जहां में हम
उसी के सताए हुए हैं
सिर्फ एक नजर देखने के लिए
उन्हीं के शहर में ठहरे हुए हैं
न जाने किस वक्त ,
उनसे नजरें मिल जाए
इसलिए राहों में
पलकें बिछाए हुए हैं ।
बस एक उसकी मोहब्बत को
पाने के लिए
पूरी दुनिया से रूठे हुए हैं ।
आंखों में आंसू के मोती लेकर
उनकी यादों में खोए हुए हैं
कि ना जाने
कब मेरे खुदा ,
" आंसू ए मोहब्बत "को
मुकम्मल कर जाए
बस यही दुआ कर रहे हैं ।

14. मुक्कमल - ए - मोहोब्बत

किसी ने बातों में उलझा कर ,
मुझको जीना सिखा दिया ।
अंधेरी रातों में ,
जैसे दीपक जला दिया ।
किसी ने अपनी मासूमी से ,
मुझको हंसना सिखा दिया । कटीली राहो में ,
गुलाबों को बिछा दिया ।
किसी ने बातों में उलझा कर ,
मुझको जीना सिखा दिया ।
डर के मारे ,
मैं कुछ ना बोली
अनसुलझी पहेली को सुलझा दिया ।
शायद जान लिया उन्होंने कि मैंने
दिल उनसे लगा लिया ।
बंजर मिट्टी में ,
जैसे गुलाबों को महका दिया ।
किसी ने हंसकर ,
मुझको गले से लगा लिया ।
ख्वाबों की दुनिया को
दिनों में दिखा दिया ।
किसी ने जिंदगी में आकर
" मुकम्मल ए मोहब्बत " कर दिया ।

15. सिद्दत ए मोहब्बत

कुछ भी तो नहीं है
मेरे पास ...
उससे मिलने के बाद
सब कुछ अपना सा लगता है
खाली सी दुनिया ,
हसीन सी लगती है ।
किसी के मुस्कुराने से ,
दुनिया रंगीन दिखती हैं ।
उसका कसूर या
मेरी आंखों में कमी ....
कि अंधेरे में भी
उसकी सूरत नजर आती है ।
उसकी बातें , शरारते
मेरे कमरे को महकाती है
है मुझसे दूर पर ,
दिल में कब्जा करके बैठी है ।
मेरे पास कुछ नहीं ,
पर उसमें मेरी जान बसती है ।
खुशियों की लहर हो या
फिर दुखों की आंधियां
हमेशा वो ,
मेरा साथ निभाती है ।
बिना कुछ कहे और बोले ,

मेरी आंखों को पढ़ लेती है । जानती है , पहचानती है
अपनी एक मुस्कान से ,
घायल कर जाती है ।
अक्सर मुझे वो खुद में ,
नजर आती है
दुनिया में नहीं
पर उसकी याद बहुत तड़पाती है।
वो हसीना आज भी
मुझे अपने पास नजर आती है । उसकी " सिद्धत - ए -
मोहब्बत " मुझे बड़ा रुलाती है ।

16. उम्मीद ए मोहब्बत

बेवजह बात करने की जरूरत क्या है
नजरों से नजरें मिलाने की जरूरत क्या है
आपके जाने से ,
हमें खफा होने की जरूरत क्या है
यु शर्मा कर सिर झुकाने की वजह क्या है
तेरी भोली सी सूरत और मासूमी के आगे
हसीनों की हैसियत क्या है
दिल से दिल की बात हो जाती है
आंखों के इशारों से
फिर बोलने की जरूरत क्या है
पाबंदी की हो जिसने दिल की खिड़की पर ,
फिर दुनिया को देखने की जरूरत क्या है
आपके होने से दिल को सुकून मिले ,
फिर नमाज अदा करने की जरूरत क्या हैं
अगर पता हो ,
मिलना नहीं है मुकद्दर में
फिर रोज इंतजार करने की जरूरत क्या है।
बेवजह आंसू बहाने की जरूरत क्या है।
जिन गलियों में माजी की याद आए
उस राह से गुजरने की जरूरत क्या है ।
दिल से पुकारा हो ,
जब किसी ने फिर दूरियों की उलझन क्या है ।
रंग हो जाए गुलाबी ,

किसी की नजर पड़ने से ,
फिर होली पर रंगों की जरूरत क्या है ।
ना चाह कर भी दूर जाना हो किस्मत में ,
फिर मोहब्बत में बिछड़ते हुए ,
गले मिलकर आंसू बहाने की जरूरत क्या है ।

17. इंतजार ए मोहब्बत

दिल में उलझती सुलझती है
तेरी यादें ,
आंखों में पानी भर आया है
ये कहा मुझे वीरानी ले आई है
अब तुम ना हो , ना तुम्हारी बातें
बस मैं और मेरी वीरानी
दिल में उलझती सुलझती है
तेरी यादें ,
आंखों में पानी भर आया है
ना अब कोई गिला तुमसे
तेरी याद दिल में समाई है
ये कैसी किस्मत पाई मैंने
जीते जी मौत पाई है
ये कहां मुझे तकदीर ले आई है
ना पता ना ठिकाना मालूम
मुझे तेरी खामोशी में खूब रुलाया है
दिल में उलझती सुलझती है
तेरी यादें ,
आंखों में पानी भर आया है
आंखों से बहती नदिया
आज भी तेरी मोहब्बत का दम भरती है
" इंतजार ए मोहब्बत " में
दिल में उलझती सुलझती हैं

तेरी यादें ,
आंखों में पानी भर आया है ।

18. खुशबू ए मोहब्बत

देखी है ,
उनके लहराते बालों की खुशबू
माथे को चूम कर
इसे कोई नाम ना दो
मोहब्बत की खुशबू है
इसे रूह से महसूस करो
मोहब्बत की सिद्दत को
कोई रिश्ता ना बताओ
मोहब्बतें हैं खामोशियां
दिल से महसूस करो
मोहब्बत अमृत की बूंद
इसे नैनो से पिया करो
हमने देखी हसीन वादियों में ,
उनके लहराते बालों की खुशबू
मुस्कुराहट छुपी रहती है
होठों पर ,
बातों में मोहब्बत छिपी होती है
इसे ,
" खुशबू ए मोहब्बत " से महसूस करो ।

19. राह ए मोहब्बत

रस्ते में वो मिल गए

अपनी गम ए रात हो गई

जिसका था डर

यार वही बात हो गई

यादों की माला पिरोते पिरोते

और करवट बदलते बदलते

सुबह हो गई

क्या कहे क्या बताएं

उनकी निगाहें कहीं और मिल गई

रातों में मेरी तनहाइयां रह गई

रस्ते में वो मिल गए

गम रात हो गई

जिसका था डर

यार वही बात हो गई

सालों बाद ,

फिर उनसे मुलाकात हो गई

थर थराते होठों से

थोड़ी बहुत बातचीत हो गई

मोहब्बत ने क्या खूब रंग दिखाया

राह हमारी अलग हो गई

मौत से वीरान जिंदगी हो गई

" राह ए मोहब्बत "

फिर से हरी हो गई ।

20. दोस्त ए मोहब्बत

वह पास आकर चला गया
एक हंसमुख को रुला गया
कहानी को अधूरी छोड़कर
हवा के झोंकों से मानो
रास्तों से वह गुजर गया
बिना किसी बात के
रूठ कर बैठ गया
हाथ थामने के वक्त साथ छोड़ गया
अच्छा सिला दिया दोस्ती का
कि पास आकर चला गया
मीठी मीठी बातों में लगा कर
दिल को मेरे चुरा गया
एक पल में सारे वादों को भुला गया
अपने होने का एहसास करा कर
तनहाई देकर चला गया
ऐसी भी क्या बात हुई
कि दोस्ती को तोड़ गया
एक पल में सारे वादों को भूल गया
यार मेरा यार ना रहा
वो बेरहम हो गया
भोले से इंसान को रुला गया
दोस्ती का हाथ बढ़ा कर
खुद पीछे मुड़ गया

दोस्त ए मोहब्बत को दागदार कर गया ।

21. अधूरी कहानी

फिल्मी सी दुनिया में
सब कुछ बिखरा बिखरा सा
पाया मैंने
कभी खुशी कभी उदासी
और कभी खुद को
बिखरा हुआ देखा मैंने
इस फिल्मी सी दुनिया में
जिस जिसको अपना समझा
उसी को दूर जाते पाया मैंने
पल भर की दुनिया में
खुद के हजार रंगों को देखा मैंने
प्रेम की गलियों से गुजरते हुए
हर ख्वाब को
आंसुओं से निकलते हुए पाया मैंने
खुद को खोकर खुद को समझा मैंने
किसी के इंतजार में
खुद को बिखरते हुए पाया मैंने
दो पल की कहानी में
सब कुछ पाकर भी खुद को अकेला पाया मैंने
इस फिल्मी सी दुनिया में
अभी तक अपनी अधूरी कहानी को
देखा है मैंने

22. मेरे मौला

आंसूओ से मेरी झोली भर दे मौला चाहे बेगाना कर दे
या अंजाना कर दे
आंसूओ से मेरी झोली भर दे
ना चाहत है
अब किसी ख्वाहिश की
ना किसी को अपना बनाने की
मेरे मौला
अंधेरे को किस्मत बना दे
या सितारों की रोशनी में बेगाना कर दे
याअजनबी बना दे
चाहे तो उसकी यादों को मेरे दिल से मिटा दे
या दिल को पत्थर बना दे
मेरे मौला
आंसुओं से मेरी झोली भर दे या दुनिया से तू जुदा कर दे
मैंने खुशियां कब मांगी
दर्द-ए-ग़म से मेरी किस्मत लिख दे अपनों में मुझे बेगाना
कर दे
ना चाहत किसी के दीदार की
आंसुओं से मेरी झोली भर दे
मौला चाहे बेगाना कर दे ,
अंजाना कर दे
दिल को मेरे पत्थर बना दे

23. साथी

यूं तो सब है यहां
पर दिल में वही बसता है
साथी जो अंत तक
साथ निभाता है
हजारों रिश्ते नाते हैं यहां
राहों के कांटों को देखकर
कौन डरता है ,
दिल को वहीं भाता है
साथी जो अंत तक
साथ निभाता है
हजारों मुश्किलों में भी
जो हंस कर गले लगाता है
दूर से देखकर मुस्कुराता है
मेरे लिए दुनिया से लड़ जाता है सफर में ,
बहुत कुछ पीछे छूट जाता है
झूठ कहां तक टिक पाता है
पल भर में ,
हवा के झोंकों से उड़ जाता है
एक ऐसे मुकाम पर हूं
जहां ना कोई अपना ,
ना कोई पराया
नजर आता है
भीड़ का काफिला है ,

यहां
और फिर कोई अजनबी हाथ पकड़कर आगे बढ़ाता है
हर पल साथ निभाता है
साथी जो अंत तक साथ निभाता है
असल में ,
वही अपना होता है
हजारों मिलेंगे अपने होने के दावेदार ,
पर कौन हैं अपना
यह बहुत देर में समझ आता है ।

24. तेरा हूं मैं

बेखबर हूं मैं
तुझसे तेरे एहसास से
तेरे नाम से
ना जाने कहां-कहां से
गुजर रहा हूं मैं
तुझसे मिलने के लिए
बेख्याल हूं
मैं तेरे एतबार से
तेरे प्यार से
न जाने किस किस को देख रहा हूं
एक तेरे दीदार के लिए
बेहाल हूं एक दिन में
हजारों चेहरे देखने के बाद
ना जाने क्यों तेरे
उस एक लम्हे को ,
आज भी याद कर रहा हूं
तुझे मालूम है ना ,
कि तेरा हूं मैं ।

25. अधूरा अधूरा सा इश्क

ना दूर जाते हो ,
ना पास बुलाते हो
ये कैसा अधूरा अधूरा अधूरा सा इश्क है तुम्हारा
ना शिकवा करते हो
ना कुछ बस लाते हो
छुप-छुपकर नजरों से निहारते हो
कुछ तो है मीत ,
जो मन ही मन में छुपाते हो
ये कैसा अधूरा अधूरा सा इश्क है तुम्हारा
आंखों ही आंखों में ,
सब कुछ बयां करते हो
और फिर मौन रहते हो
राहों में अकेले अकेले चलते हो
लड़खड़ा ने लगे हौसला
तो हाथ थामते हो मेरा
मीत मेरे ,
ये कैसा अधूरा अधूरा सा इश्क है तुम्हारा ।
चली जाऊं जो रूठ कर ,
पीछे-पीछे आते हो ।
फिर क्यों मनाते हो ,
ना दूर जाते हो
ना पास बुलाते हो ।
ये कैसा अधूरा अधूरा सा इश्क है तुम्हारा ।

26. दुआ

जिंदगी के हर पड़ाव
पर याद रखूंगा सदा
तू हो चाहे खफा
हर पल तुझे मैं दूंगा दुआ
बेशक खुदा ने
किस्मत में नहीं देखा
पर दिल में मेरे
तू ही बसा
मेरी यादों में रहेगा सदा
जिंदगी के हर पड़ाव पर
याद रखूंगा सदा
याद रहूं ना रहूं तुझे पर
आखिरी सांस तक ,
इंतजार रहेगा तेरा
हर पल तुझे मैं दूंगा दुआ ।

27. दोस्त

हर मर्ज का इलाज दवा कहां है साहब
कुछ वक्त ,
खुद के लिए निकालना भी लाजमी है साहब
जिंदगी की उलझन में उलझ कर ,
पल भर में समय गुजर जाता है
कुछ वक्त तो ,
दोस्तों के साथ बिताना लाजमी है , साहब
कल क्या होगा ,
सोचना क्यों जरूरी है ,
आज को खुल कर जीना बहुत जरूरी है , जनाब
जिंदगी चलती जाए ,
बिना किसी बाधा के
कहां जरूरी है ,
कुछ वक्त दोस्तों के साथ
गुजारना भी लाजमी है साहब

28. चलो प्रिय

अजनबी बन जाओ तुम मेरे
ना चाहत हो तुम्हें
माथे को चूमने की
ना इंतजार हो तुम्हारे आने का
प्रियतम
अजनबी बन जाओ तुम मेरे
ना कोई दिल ए उम्मीद का पहरा हो
ना मेरी बातों से तुम घायल हो
चलो चलो प्रिय
अजनबी बन जाओ तुम मेरे
तुम्हें भी उलझने रोकती है
मेरी और आने से
मेरे पांव में भी बेड़िया बंध जाती है
तुम्हारी और बढ़ने से
मोहब्बत रोग बन जाए तो आशिक को छोड़ना बेहतर
और यादें बोझ बन जाए
तो उनको भूलना बेहतर
वो अफसाना
जिसमें अंजाम तक पहुंचना हो नामुमकिन
किसी खूबसूरत मोड़ पर
उसे अलविदा कहना बेहतर
चलो प्रिय अजनबी बन जाओ तुम मेरे

29. मंजिल

चलते -चलते सफर में अक्सर कोई मिलकर दूर हो जाता है
मंजिल तक पहुंचने में
बहुत कुछ पीछे छूट जाता है
चलते-चलते सफर में
कई बातें यादों बन जाती हैं
मंजिल तक पहुंचने में
न जाने कितनी राहों में भटकना पड़ता है
किसी का होने के लिए किसी का साथ छोड़ना पड़ता है
और सफर ए जिंदगी में हंसकर हर दर्द सहना पड़ता है
किसी को भूलना पड़ता है
तो किसी को याद रखना पड़ता है ।

30. स्त्री

फूलों की भांति ,
मधुर सुगंध बिखेरती है स्त्रीयां
तपती दोपहरी हो
या हो सावन की बरसात
कभी नही करती है
खुद आराम ,
खुद के दुःखो को भुला कर
दुसरो के दुख दर्द
बांटती है स्त्री,
सूर्य की नींद से
पहले टूटती है इनकी नीदियां
कर्तव्य के पथ पर
विचलित नहीं होती स्त्रीयां,
धुप छाव का परवाह नहीं
नित्य प्रति दिन
निश्छल भाव से
समाज को सवल बनाती है,
हर दौर में-
चाहे हो महामारियों का दौर
परिवार की हिम्मत बनकर
बच्चों का हौसला बढ़ाती है ,
हैं परेशान धरा पर लोग
कहाँ से जुटाती है

इतनी हिम्मत ,
इनको अपने धैर्य का परीक्षण
हर युगों में चुकाने पड़ते हैं
तब जाकर जगत जननी
कहलाती है,
कभी चंडी
कभी काली
कभी माँ भावानी के रूपों में
जग के दुखों को हर लेती है,
इसी लिए तो
ईश्वर के सिर झुक जाते हैं।

31. कुर्बानी

1971 के युद्ध की कहानी
आज भी हृदय में याद दिलाती
वीरों की वो कुर्बानी
कैसे वीरों ने
भारतवर्ष की खातिर
जान दांव पर लगाई
दुश्मनों को थी
हूंकार लगाई
रणभूमि में वीरों ने
पाकिस्तान की थी
नींद उड़ाई
और संपूर्ण विश्व में
अपनी शौर्यता थी दिखलाई
जय हिंद जय भारत जय मां भारती
पुकारकर वीरो ने
विजय की पताका थी लहराई
अपने साहस और शौर्य से बांग्लादेश को थी
आजादी दिलवाई
उन वीर जवानों ने
तिरंगे की थी शान बढ़ाई
और
आप सभी को
50वीं स्वर्णिम विजय वर्ष की हो बधाई

32. मृत्यु: रहस्य या सत्य

अनसुलझी पहेली है मृत्यु,
जीवन की डगर में जो कुछ भी हमारा है,
वो बस चंद दिनों की कहानी है,
क्योंकि एक रहस्य भरी दुनिया में फिर सबको जाना है,
जिसका नाम है मृत्यु।

गिले-शिकवे को हृदय में संकुचित करना उचित नहीं;
ओ मेरे मीत!
ज़िंदगी कुछ लम्हों का सफ़र है,
और फिर एक अनदेखा सफ़र है,
जिसका नाम है मृत्यु।

मृत्यु न जाने कब, कहाँ और कैसे
मुझसे टकरा जाए।
शायद मैं चाह कर भी कुछ ना कह सकूँ;
क्योंकि मुझे एक लंबे सफ़र पर जाना है,
जिसका नाम है मृत्यु।

चंद दिनों की ज़िंदगी को गुज़ारना चाहता हूँ
मैं तुम्हारी यादों में,
हसीन मुलाक़ातों में ख़ुद को खो देना चाहता हूँ।
तुम्हारे ख़्वाबों में आना चाहता हूँ;
क्योंकि फिर मुझे कहीं दूर जाना है,

मंज़िल पर पहुँचना और ना चाह कर भी
तुम्हें अलविदा कहना है।

जुदा होना हमारी नियति है,
क्योंकि उस सफ़र में मुझको अकेले जाना है,
और तुम्हारी इन हसीन यादों को मुझे अपने साथ ले जाना
है।
वह सफ़र है या रहस्य का बंधन,
इससे मैं अनभिज्ञ हूँ।

मैं बस यही जानता हूँ,
जहाँ मुझको जाना है,
अपने मीत से दूर,
उस सफ़र का नाम है मृत्यु।

ओ मेरे मीत!
चंद लम्हों का सफ़र तुम्हारे साथ गुज़ारना चाहता हूँ,
अपना नाम तुम्हारे नाम से जोड़ना चाहता हूँ।
और इस अनचाहे सफ़र पर जाने से पहले,
अपनी पूरी ज़िंदगी तुम्हारे नाम करना चाहता हूँ।

ओ मेरी प्रीत!
तुमसे मोहब्बत करना चाहता हूँ।
क्या इज़ाज़त है?
अपने चंद दिनों की महफ़िल में,
तुम्हें शामिल करना चाहता हूँ।

शायद यह सब फिर ना कह सकूँ दोबारा,
क्योंकि यह सत्य है मेरे प्रियतम;
अकेले सफ़र करना है मुझे,
रहस्य भरी दुनिया में,
जिसका नाम है मृत्यु।

33. प्रिय मित्र किताबें

किताबों को पढ़ते पढ़ते ,
उनकी धीमी धीमी मधुर सुगंध
मेरे हृदय को स्पर्श करते हैं ।
यू तो बेजान है ,
किताबे
अक्सर वो
मेरा हौसला बढ़ाती है
हारने लगू जब बाजी
किताबें ही आगे बढ़ाती हैं
किताबें ही तो है
जो भीड़ में अलग पहचान बनाती है
एक नारी को उसके अधिकारों का ज्ञान कराती है
समाज में ,
एक नई पहचान दिलाती है ।
जात-पात , ऊंच-नीच का भाव मिटाती है
किताबें ही वो प्रिय मित्र हैं ,
जो हर डगर पर साथ निभाती है
और भारतवर्ष के उज्जवल
भविष्य के निर्माण में
किताबें
महत्वपूर्ण भूमिका निभाती हैं ।।

34. एक राज है : संगीत

रूठे हुए मीत को
मनाता है - संगीत
पुरानी यादों को
फिर से ,
हरा करता है - संगीत
पतझड़ हो या सावन ,
हर मौसम में मुलाकातों को बढ़ाता है : संगीत
गर्मों की आंधियां
या खुशियों की हो बरसात
हर पल दिल को
सुकून देता है संगीत
दिल की हर बात को
बखूबी छुपाता है
कभी चेहरे पर हंसी
तो कभी आंखो में
आंसू लाता है संगीत
और क्या है
एक राज है : संगीत
किसी शख्स को
अतीत में घूम कर जाता है
तो किसी को
माजी की याद दिलाता है : संगीत
और हर किसी के

राज को राज बनाकर ,
रुलाता है : संगीत

35. अल्फाज ए मोहब्बत

इस खाली सी जिंदगी को
चलो आज मुकम्मल करें
आओ चलो बात करें
यू रूठकर ना बैठो हमसे
जरा दिल के गमो पर
मरहम लगाया करो
कुछ तुम कहो
कुछ हम कहें
इन आंखों के आंसूओ को
यूं ना बर्बाद करें
कभी हमें याद करें
तो कभी हमें प्यार करेंगे
दूर ना जाओ हमसे
कुछ बात हो तो बात करें
इस सोनी सी जिंदगी में
खुशियों के दिन जलाया करो
इन चारदीवारी में यूं ना अकेला बैठा करो
कभी हमारे यहां आया करो
तो कभी हमें बुलाया करो
मायूसी की आंधी में कहीं गुम ना होना
हमारे दिल से दूर ना जाना
अगर है मोहब्बत मेरे यार
तो फिर अल्फाजों से बयां करें

कभी तो मेरे "अल्फाज़ ए मोहब्बत"
की कद्र किया करें

कभी तो मेरे "अल्फाज़ ए मोहब्बत"
की कद्र किया करें